Para:

_____

Sueños

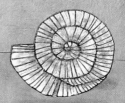

Sueños / selección Natalia Carrillo; ilustraciones Carlos
Manuel Díaz Consuegra.-- Bogotá: Panamericana Editorial,
2003.

   96 p.: il.; 9 cm. -- (Canto a la vida)
   ISBN 958-30-1058-8

   1. Sueños - Citas, máximas, etc. 2. Fantasía - Citas,
máximas, etc. I. Carrillo, Natalia, comp. II. Díaz
Consuegra, Carlos Manuel, il. III. Serie
153.3 cd 20 ed.
AHP4617

CEP-Banco de la República-Biblioteca Luis Ángel Arango

Sueños

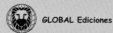

GLOBAL Ediciones

PANAMERICANA
EDITORIAL

Editor
Panamericana Editorial Ltda.

Edición
Mónica Montes Ferrando

Selección de textos
Natalia Carrillo

Ilustraciones
Carlos Manuel Díaz

Diagramación
Diego Martínez Celis

Primera edición, septiembre de 2003
Segunda reimpresión, noviembre de 2004

©Panamericana Editorial Ltda.
Edición especial para GLOBAL Ediciones, S.A.
Calle Chama, Quinta Susana, Colinas el Bello Monte
Teléfonos: (0212) 751 91 70 - 751 04 79 - 753 05 35
751 74 63
Fax: (0212) 753 97 76
Caracas 1.050
e-mail: globaledic@telcel.net.ve

ISBN 958-30-1058-8

Impreso por Panamericana Formas e Impresos S. A.
Calle 65 No.95-28 Tel.: 4302110
Quien sólo actúa como impresor

Impreso en Colombia   Printed in Colombia

Un hombre sin sueños
es un hombre sin futuro.

Kenneth Walker

¿Qué ser viviente
es capaz de decir:
Tú no eres poeta y no puedes
contar tus sueños?

John Keats

Ves cosas y dices,
"¿por qué?"
Pero yo sueño cosas
que nunca fueron y digo,
"¿por qué no?".

George Bernard Shaw

El sueño
es un arte poético
involuntario.

Emmanuel Kant

Nadie está a salvo
de las derrotas. Pero es mejor
perder algunos combates
en la lucha por nuestros
sueños, que ser derrotado
sin saber siquiera por qué
se está luchando.

Paulo Coelho

Yo he vivido porque
he soñado mucho.

Amado Nervo

El hombre
tiene ilusiones
como el pájaro alas.
Eso es lo que lo sostiene.

Blaise Pascal

Nuestras vidas son
tejidas por el mismo hilo
de nuestros sueños.

William Shakespeare

El hombre
no es viejo
desde que los lamentos
no tomen el lugar
de los sueños.

John Barrymore

La posibilidad
de realizar un sueño
es lo que hace que
la vida sea interesante.

Paulo Coelho

Los que sueñan de día son conscientes de muchas cosas que escapan a los que sueñan sólo de noche.

Edgar Allan Poe

Démonos a soñar,
sensorio mío inverecundo,
simple espíritu mío
—desbridados corceles—.
Démonos a soñar bajo las
nubes y las constelaciones.

León de Greiff
Cancioncilla, fragmento

Si vivir
sólo es soñar,
hagamos el bien
soñando.

Amado Nervo

18

El hombre
es mortal
por sus temores
e inmortal
por sus
deseos.

Pitágoras

Nunca ría
de los sueños
de otros.
Quien no tiene sueños
tiene muy poco.

Proverbio chino

Cuanto más se aproxima uno
al sueño, más se va
convirtiendo la leyenda
personal en la verdadera
razón de vivir.

Paulo Coelho

¡Cierra los ojos! Escucha
el sonido de tu corazón.
Él guarda tantas cosas buenas.
Es ahí donde está el tesoro
de la vida: Nuestro deseo
y nuestra ilusión, éste es el
secreto del sueño.

Luciana Savaget

La vida
no es significado;
es deseo.

Charles Chaplin

Las verdades que revela la inteligencia permanecen estériles. Sólo el corazón es capaz de fecundar los sueños.

Anatole France

El amor y el deseo
son las alas del espíritu
de las grandes hazañas.

J.W. Goethe

La inteligencia busca, pero quien
encuentra es el corazón.

George Sand

Quién dirá, pequeño o eterno,
si mi sueño me vive o me muere:
Nada me mata sino yo,
entre el sueño, verdad inerme.

Arturo Camacho Ramírez

El hombre es verdaderamente
grande, sólo cuando obra
a impulso de las pasiones.

Benjamín Disraeli

¿Qué es la vida? Una ilusión,
una sombra, una ficción,
y el mayor bien es pequeño:
que toda la vida es sueño
y los sueños, sueños son.

Pedro Calderón de la Barca

El porvenir es un lugar cómodo
para colocar los sueños.

Anatole France

Los deseos del joven
muestran las virtudes
futuras del hombre.

Marco Tulio Cicerón

El hombre no puede dejar
de soñar. El sueño es el
alimento del alma,
como la comida es
el alimento del cuerpo.

Paulo Coelho

Haríamos muchas
más cosas si creyéramos
que son muchas menos
las posibles.

Guillaume de La Malesherbes

Cuando
se muere alguien
que nos sueña,
se muere una parte
de nosotros.

Miguel de Unamuno

El hombre es
un milagro químico
que sueña.

Alfred Conde

37

La sencilla materia,
brizna, viento, fulgor,
barro, madera,
y con tan poca cosa
construyeron paredes,
pisos, sueños.

Pablo Neruda

El futuro pertenece a quienes
creen en la belleza
de sus sueños.

Eleanor Roosevelt

Si las pasiones
y los sueños
no pudiesen
crear nuevos
tiempos futuros,
la vida sería un engaño.

Henri L. Lenormand

Padres,
cuenten sus sueños
a sus hijos.

Anónimo

41

No se desea
lo que no se conoce.

Publio Ovidio

Sólo hay
un principio motor:
el deseo.

Aristóteles

¿Dónde está lo real:
en el cielo o en el fondo
de las aguas? En nuestros
sueños, el infinito es tan
profundo en el firmamento
como bajo las aguas.

Gaston Bachelard

El que se alimenta
de deseos reprimidos
finalmente se pudre.

William Blake

Me va
poniendo espuelas
el deseo.

Miguel de Cervantes

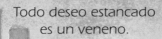

Todo deseo estancado
es un veneno.

André Maurois

Tenaz, ese destello
hacia la vida y fin
que vivir debería
mi corazón en sueños.

Jaime García Maffla

La libertad
existe tan sólo
en la tierra
de los sueños.

Schiller

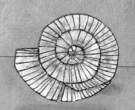

Despierta
si quieres
que tus sueños
se hagan realidad.

Anónimo

La sabiduría suprema es tener
sueños bastante grandes
para no perderlos de vista
mientras se persiguen.

William Faulkner

¡Cómo pinta
el deseo
los colores
del iris
en las nieblas
de la vida!

R. Tagore

Lo más importante
en este mundo,
no es saber
dónde estás,
sino hacia
dónde vas.

J. W. Goethe

La utopía está en el horizonte.
Camino dos pasos, ella se
aleja dos pasos y el horizonte
se corre diez pasos más allá.
¿Entonces para qué sirve la
utopía? Para eso,
sirve para caminar.

Eduardo Galeano

La luz
teje la vida a partir
del aire.

Jacob Moleschott

Creo en el sol..., incluso cuando no brilla; creo en el amor..., incluso cuando no se muestra; creo en Dios..., incluso cuando no habla.

Anónimo

Ver es creer,
pero sentir
es estar seguro.

John Ray

Es necesario
hacer de la vida
un sueño y del sueño
una realidad.

Pierre Curie

Lo imposible
es el fantasma
de los tímidos
y el refugio
de los cobardes.

Napoleón Bonaparte

El éxito es
la realización progresiva
de un sueño.

Luis Costa

Debes ser el cambio
que deseas ver
en el mundo.

Mahatma Gandhi

Denme veneno
para morir o
sueños para vivir.

Gunnar Ekelof

La mejor manera
de predecir el futuro
es inventarlo.

Dennis Gabor

Con las pasiones
uno no se aburre jamás:
sin ellas,
se idiotiza.

Stendhal

Sólo aquellos
que callan sus sueños
no los consiguen nunca.

Anónimo

¡Oh!, bálsamo precioso del sueño, alivio de los males, cómo te agradezco que acudas a mí en los momentos de necesidad.

Eurípides

La pasión tiñe
con sus propios colores
todo lo que toca.

Baltasar Gracián

No existe el reencuentro,
O el sitio del amor,
Salvo, acaso,
En la verdad del sueño.

José Luis Díaz-Granados

Si no hay un camino,
lo crearemos.

Aníbal

El último punto era el
decisivo, y Rafael tenía razón.
Gaviota que ve lejos,
vuela alto.

Richard Bach
Juan Salvador Gaviota, fragmento

Los sueños no hacen daño a nadie si se trabaja detrás de ellos para hacerlos tan reales como sea posible.

Frank W. Woolworth

Yo amo a aquel
que desea lo imposible.

J.W. Goethe

Cómo no soñar mientras
se escribe. La pluma sueña.
La página blanca da
el derecho a soñar.
Si tan sólo se pudiera
escribir para uno mismo.

Gaston Bachelard

Cuidado con lo que
deseas, podría
convertirse en
realidad.

Adán Morales

Es intentando lo imposible
como se logra
lo posible.

Henri Barbusse

Si te atrae una lucecita,
síguela. Si te conduce al
pantano, ya saldrás de él.
Pero si no la sigues,
toda la vida te mortificarás
pensando que acaso
era tu estrella.

Séneca

Este fuego está en todas partes.
En él arden el campo
y los bosques,
los mágicos sueños
del poeta
y el azul
del cosmos.

Karl Marx

El corazón de un hombre es
una rueda de molino que
trabaja sin cesar; si nada
echáis a moler, corréis el
riesgo de que se triture
a sí misma.

Martín Lutero

Amor y deseo son dos cosas
diferentes; que no todo lo que
se ama se desea, ni todo lo
que se desea se ama.

Miguel de Cervantes

Los deseos de nuestra vida forman una cadena cuyos eslabones son las esperanzas.

Séneca

Hay que volver a uncir los
caballos guerreros y llevar la
lucha a su término; porque
quien nunca descansa, quien
con el corazón y con la
sangre piensa en lograr lo
imposible, ése triunfa.

I Ching, fragmento

Si has construido un
castillo en el aire, no
has perdido el tiempo,
es allí donde debería estar.
Ahora debes construir los
cimientos debajo de él.

George Bernard Shaw

Un soñador
vive eternamente;
un pensador
muere un día.

O'Reilly

Todo lo que puedas
hacer o soñar,
comiénzalo.
La osadía lleva en sí
genio, poder y magia.

J. W. Goethe

La vida es sueño; el despertar
es lo que nos mata.

Virginia Woolf

La vida es
mucho más pequeña
que los sueños.

Rosa Montero

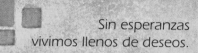

Sin esperanzas
vivimos llenos de deseos.

Dante

Soñaba que yo tenía
alegre mi corazón;
mas a la fe, madre mía,
que los sueños, sueños son.

Canción tradicional, siglo XVI

Triste cosa es el sueño
que llanto nos arranca;
mas tengo en mi tristeza
una alegría…
¡Sé que aún me
quedan lágrimas!

Gustavo Adolfo Bécquer

El hombre tiene unas alas
que no conoce.

Gustave Thibon

Aquellos que creen en lo imposible son los más felices.

E. de Guérin

¡Fue sueño ayer;
mañana será tierra!
¡Poco antes, nada; y poco
después, humo!

Francisco de Quevedo